AF279339

*Mamá, te quiero, siempre te he querido y ahora te lo digo cada vez que nos vemos. Sigue bailando y sonriendo a la vida.*

*Mi familia, en especial, damos las gracias a Carmen.*

Me llamo Teresa y quiero averiguar qué es lo que le ha pasado a mi mamá los últimos años.

Mi mamá se llama Rosario, nació en un pueblo rodeado de pinares y por eso, siempre lo dice ella, no se ha puesto nunca mala.

Cuando yo era pequeña, mi mamá venía por la noche a mi cama, la oía desde lejos porque chocaban las medallitas que llevaba en su collar.  Yo me hacía la dormida, me gustaba taparme y cuando llegaba, me empezaba a entrar la risa. Le daba la espalda y ella me escribía en la espalda una "carta". Con los dedos iba haciéndome cosquillas y a mí me gustaba mucho, mucho. Al final me abrazaba y ya me podía dormir.

SM
EL BARCO DE VAPOR
Marta Puncel
Un duende a rayas
Margarita Puncel

Ahora mi mamá viene por la noche, cuando ya nos hemos dado muchos besos, cuando nos hemos despedido con un gran abrazo y un te quiero enorme. Y al pasar un ratito corto en la cama, mi mamá vuelve y me pregunta si hemos cerrado la puerta, o si tenemos la comida hecha para el día siguiente, o qué es lo que tenemos que comprar. Yo le respondo y parece que mis palabras van sobrevolando por su cabeza sin quedarse dentro de ella. Parece que en su cabeza ya no cabe nada más, ni una sola letra.

Cuando era pequeña, me gustaba celebrar mi cumpleaños comiendo unas hamburguesas y mezclando los refrescos. Llevaba a mis amigas y amigos, mi mamá siempre estaba ahí, y yo no hablaba con ella, ni la miraba. Sentía que estaba conmigo, sin más.

Ahora mi mamá da paseos cortitos, dependiendo de lo cansada que esté, llegamos a una u otra cafetería y nos sentamos a beber y comer algo. Me gusta mucho hablar con ella.

Le pregunto cómo aprendió a jugar con el diávolo, me cuenta que es muy fácil, que le gusta hacer el columpio y lanzarlo muy alto, que lo hacía con sus hermanas y hermanos; eran 7 y se lo pasaban genial. Es maravilloso escucharla.

Cuando yo era pequeña, en casa estaba también papá. Así, mamá y papá podían hacer cosas juntos. Salían a pasear, salían a comer, veían la tele, escuchaban música, se miraban y sonreían o simplemente se enfadaban para luego hacer las paces. Había fines de semana que se iban a la casa del pueblo, jugaban a las cartas y bailaban en las fiestas con la gente de allí.

12
9
3
6
05
Julio

Ahora, Carmen vive con ella. Se lo pasan en grande porque Carmen se disfraza cuando la ve enfadada o nerviosa. Está pendiente de ella si se despierta por la mañana, le cura las heridas de los dedos del pie, la acompaña a comprar el pan...

Cuando llega el fin de semana, voy a verla. Damos los paseos que quiere, nos paramos cuando está cansada y volvemos a casa si necesita ir al baño.

Cuando yo era pequeña y mi mamá se enfadaba conmigo porque no me había portado bien, me quedaba llorando en mi habitación y mamá aparecía enseguida para darme un gran abrazo y preguntarme qué era lo que me había pasado, si necesitaba algo o si me podía ayudar a conseguirlo.

EL BARCO DE VAPOR
Marta Puncel
Un duende a rayas
Margarita Puncel
SM

Ahora mi mamá, a veces, se enfada sin yo saber por qué. La escucho, le sonrío y le doy la mano. Lo bueno de los enfados de mamá es que enseguida se le pasan y luego no se acuerda. Hay veces que hago un poco de trampa y si mamá me cuenta alguna historia que ya me conozco, me hago la despistada, y así ella me la cuenta con más ilusión, como si fuera la primera vez que me entero, y encima es ella la que me lo cuenta.

Cuando yo era pequeña, mi mamá dormía siempre con un pijama de verano, muy fresquito. Daba igual qué estación del año fuera: primavera, verano, otoño o invierno, ella siempre tenía calor para dormir.

Ahora cuando salimos a pasear y es casi verano, todavía se pone chaqueta y un abrigo fino. Debe ser que cuando te haces mayor la temperatura de tu cuerpo va cambiando. Por la noche, cuando se va a dormir, lo hace con pijama largo e incluso se pone una manta extra encima. ¡Y no suda nada de nada!

    Cuando yo era pequeña, iba con mamá al cine, al teatro... Le gustaba muchísimo, se reía y a veces cantaba las canciones que se sabía. Elegíamos las butacas juntas, en la zona del medio para ver bien la pantalla y el escenario. Siempre había gente cerca comiendo palomitas y bebiendo, en ocasiones era molesto, pero, a veces, nosotras también comíamos palomitas y bebíamos.

La última película que hemos visto en el cine trata de una señora mayor a la que cuida su nieto, y todavía se sigue acordando de ella.

En cuanto al teatro, fuimos a ver un concierto variado de música clásica y, en general, le gustó, pero cuando las notas se elevaban demasiado, mamá se quejaba, y si las notas eran muy bajas, me decía que no escuchaba nada. ¡Qué complicado es acertar ahora con mamá!

Cuando yo era pequeña, no necesitaba despertador, mamá venía a mi habitación, me daba unos besos, me preguntaba qué tal había dormido, y después de un ratito hablando, me iba directa a preparar mi desayuno, tomarlo rápidamente y prepararme para ir al cole.

EL BARCO DE VAPOR
María Puncel
Un duende a rayas
Margarita Puncel
SM  SM

Ahora mamá se despierta muy pronto, la oigo acercarse despacito a mi habitación, cuando ve que tengo los ojos abiertos, pasa, me dice que lleva un rato paseando y que no sabía si estaba sola o se había quedado alguien a dormir con ella.

Yo creo que a mi mamá lo que le ha pasado es que se ha hecho mayor, y ha hecho tantas cosas en su vida que ya no caben más en su cabeza. Por eso, cuando le pregunto si se acuerda de algo, se pone nerviosa; es muy difícil buscar en un baúl lleno de tanta información. Yo creo que cuando se enfada lo hace con ella misma porque no recuerda todas esas cosas bonitas y malas que le han pasado en la vida.

Hay veces que la miro a los ojos y sus ojos me cuentan cosas, y yo, simplemente, sonrío. Es una magia entre las dos.

14
Sep